I0821527

En mi comunidad

CUANDO VOY AL SUPERMERCADO

UN LIBRO DE EL SEMILLERO DE CRABTREE

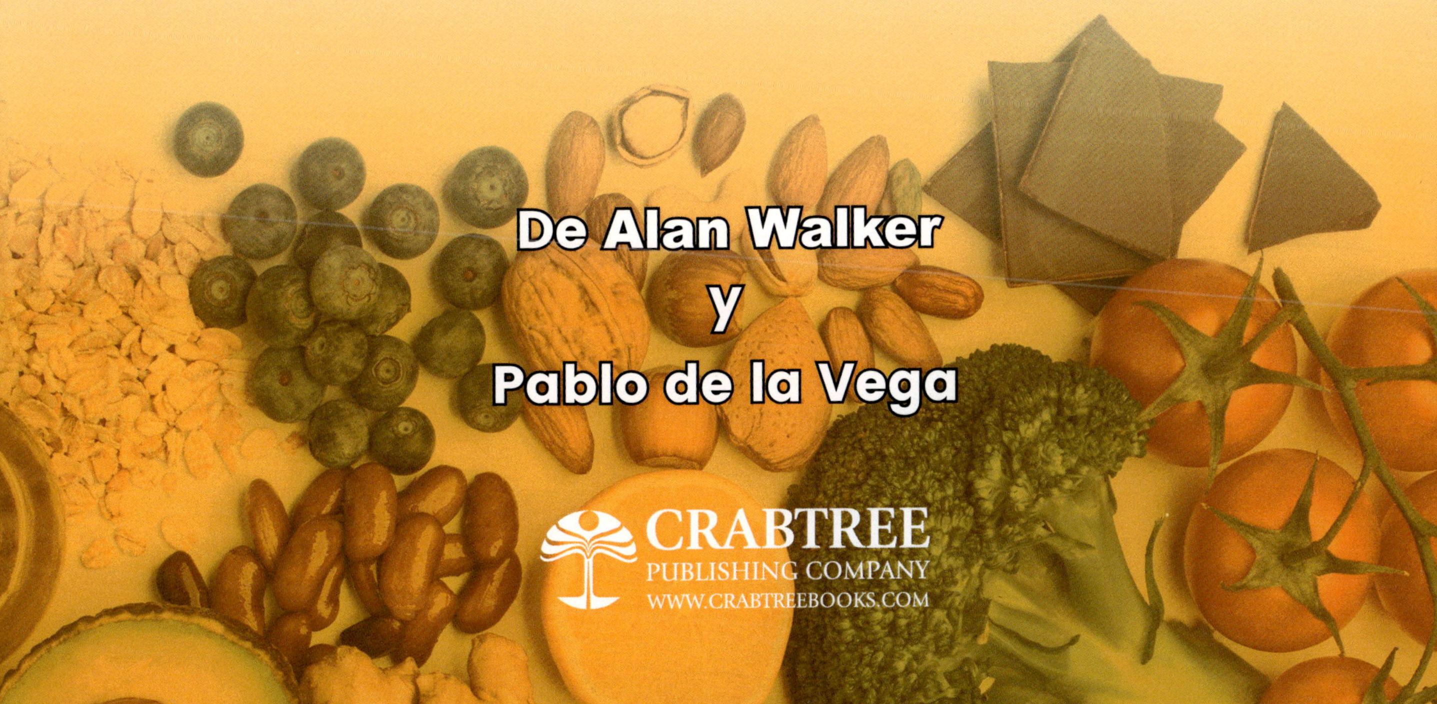

De Alan Walker
y
Pablo de la Vega

CRABTREE
PUBLISHING COMPANY
WWW.CRABTREEBOOKS.COM

Nuestro cuerpo necesita comida.

¿Pero de dónde viene la comida?

6

Sí, puedes comprarla en el supermercado.

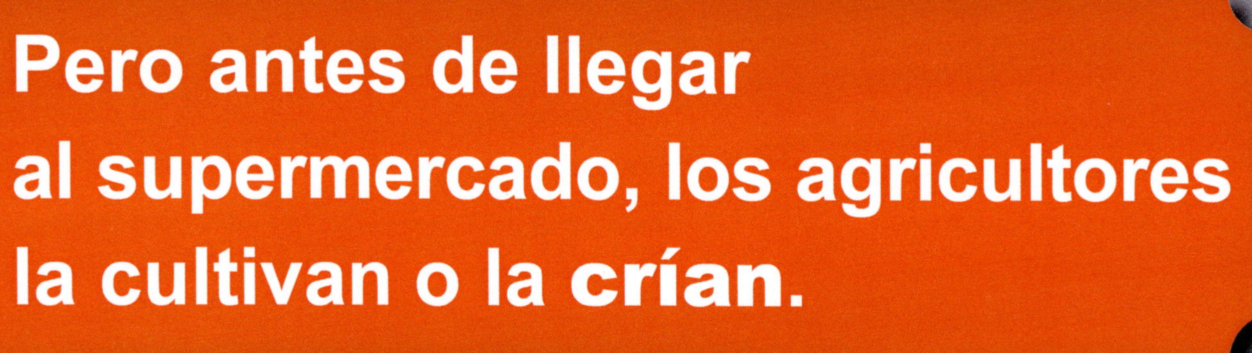

Pero antes de llegar al supermercado, los agricultores la cultivan o la **crían**.

Los agricultores la venden a **empresas** que la **preparan** y la empaquetan.

Pasos para hacer que la comida llegue al supermercado:

1 Los agricultores cultivan o crían la comida.

2 Algunas empresas preparan y empaquetan la comida.

3 La comida es llevada al supermercado en camiones.

4 Compramos la comida en el supermercado.

Así es que la próxima vez que comas, piensa en el agricultor.

Piensa en la gente que la preparó y la empaquetó.

Piensa en la gente que la lleva al supermercado.

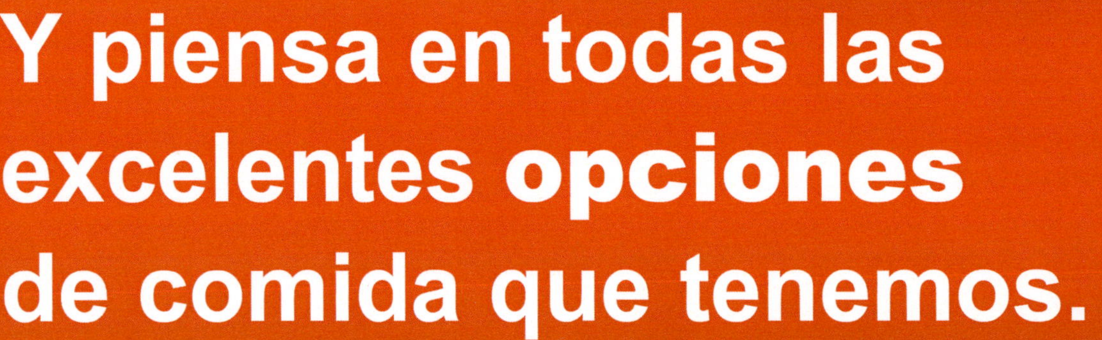

Y piensa en todas las excelentes **opciones** de comida que tenemos.

Glosario

crían: Criar un animal es alimentarlo y cuidarlo.

empresas: Las empresas son negocios que hacen cosas u ofrecen servicios. Hay empresas que hacen cereal.

opciones: Las opciones son todas las cosas entre las que puedes escoger.

preparan: Preparar es seguir los pasos necesarios para hacer algo.

Índice analítico

Apoyos de la escuela a los hogares para cuidadores y maestros

Los libros de El Semillero de Crabtree ayudan a los niños a crecer al permitirles practicar la lectura. Las siguientes son algunas preguntas de guía que ayudan a los lectores a construir sus habilidades de comprensión. Algunas posibles respuestas están incluidas.

Antes de leer

- ¿De qué piensas que tratará este libro? Pienso que este libro trata sobre ir a comprar comida en el supermercado.
- ¿Qué quiero aprender sobre este tema? Quiero aprender de dónde viene la comida.

Durante la lectura

- Me pregunto por qué... Me pregunto cómo es preparada la comida. ¿Qué hacen las empresas para preparar la comida?
- ¿Qué he aprendido hasta ahora? Aprendí que la comida viene de las granjas.

Después de leer

- ¿Qué detalles aprendí de este tema? Aprendí que la comida pasa por cuatro pasos para llegar a nosotros. Primero, los granjeros cultivan la comida. Luego, las compañías la preparan y empacan. Luego, la comida es llevada en camiones a los supermercados. Por último, compramos la comida en el supermercado.
- Lee el libro de nuevo y busca las palabras del vocabulario. Veo la palabra ***cultivan*** en la página 8 y la palabra ***opciones*** en la página 20. Las demás palabras del vocabulario están en las páginas 22 y 23.

Library and Archives Canada Cataloging-in-Publication Data

Title: Cuando voy al supermercado / de Alan Walker y Pablo de la Vega.
Other titles: When I go to the grocery store. Spanish
Names: Walker, Alan, 1963- author. | Vega, Pablo de la, translator.
Description: Series statement: En mi comunidad | Translation of: When I go to the grocery store. | Translated by Pablo de la Vega. | "Un libro de el semillero de Crabtree". | Includes index. | Text in Spanish.
Identifiers: Canadiana (print) 20210100923 | Canadiana (ebook) 20210100931 | ISBN 9781427131386 (hardcover) | ISBN 9781427131485 (softcover) | ISBN 9781427131553 (HTML) | ISBN 9781427135131 (read-along ebook)
Subjects: LCSH: Food industry and trade—Juvenile literature. | LCSH: Food—Juvenile literature. | LCSH: Grocery shopping—Juvenile literature.
Classification: LCC TP370.3 .W3518 2021 | DDC j641.3—dc23

Library of Congress Cataloging-in-Publication Data

Available at the Library of Congress

Crabtree Publishing Company
www.crabtreebooks.com **1-800-387-7650**
Print book version produced jointly with Crabtree Publishing Company NY, USA

Written by Alan Walker
Production coordinator and Prepress technician: Ken Wright
Print coordinator: Katherine Berti
Translation to Spanish: Pablo de la Vega
Edition in Spanish: Base Tres

Printed in Canada/042023/CPC20230411

Photo credits: istock.com, Shutterstock.com, Pg2; dulezidar, Pg3; istock.com/monkeybusinessimages, Pg.4; istock.com/joey333, Pg.5; istock.com/gopixa, Pg.6/7; istock.com/OceanFishing, Pg.8/9; istock.com/Toltek, Pg.9; istock.com/NikonShutterman, Pg10; istock.com/WEzekial, Pg11; istock.com/Riccardo_Mojana and agnormark, Pg12; istock.com/fotokostic and boggy22, Pg13; istock.com/JackF, Pg14; istock.com/HughStonelan, Pg15; istock.com/jenoche, Pg16; istock.com/jfmdesign, Pg17; istock.com/RossHelen, Pg18; istock.com/ Pg 19: Shutterstock.com/ VGstockstudio, Pg20/21 DragonImages,

Published in Canada
Crabtree Publishing
616 Welland Ave.
St. Catharines, ON
L2M 5V6

Published in the United States
Crabtree Publishing
347 Fifth Ave
Suite 1402-145
New York, NY 10016

Published in the United Kingdom
Crabtree Publishing
Maritime House
Basin Road North, Hove
BN41 1WR

Published in Australia
Crabtree Publishing
Unit 3 – 5
Currumbin Court
Capalaba QLD 4157